AF481011

A B C D E F
G H I J K L
M N O P Q R
S T U V W
X Y Z

From A to Z with a peaceful
bunch of animals

ZEN ANIMALS' ALPHABET

Lili Lieber- Lövei

2022

ANTELOPE

BEAR

CAPYBARA

DOG

ELEPHANT

FLAMINGO

GIRAFFE

HIPPO

IBIS

JAGUAR

KANGAROO

LAMA

MEERKAT

NU

OTTER

PENGUIN

QUOKKA

RACCOON

SKUNK

TAPIR

UNICORN

VOLE

WOLF

X-RAY FISH

YAK

ZEBRA